BEI GRIN MACHT SICH IHR WISSEN BEZAHLT

AF167161

- Wir veröffentlichen Ihre Hausarbeit, Bachelor- und Masterarbeit

- Ihr eigenes eBook und Buch - weltweit in allen wichtigen Shops

- Verdienen Sie an jedem Verkauf

Jetzt bei www.GRIN.com hochladen und kostenlos publizieren

IT-Security-Awareness.
Schwachstelle Mensch

Naveen Vimalan

Bibliografische Information der Deutschen Nationalbibliothek:

Die Deutsche Nationalbibliothek verzeichnet diese Publikation in der Deutschen Nationalbibliografie; detaillierte bibliografische Daten sind im Internet über http://dnb.d-nb.de abrufbar.

ISBN: 9783346645715
Dieses Buch ist auch als E-Book erhältlich.

© GRIN Publishing GmbH
Nymphenburger Straße 86
80636 München

Druck und Bindung: Books on Demand GmbH, Norderstedt Germany
Gedruckt auf säurefreiem Papier aus verantwortungsvollen Quellen

Das Buch bei GRIN: https://www.grin.com/document/1217473

Leuphana Universität Lüneburg

Modul: Konzepte und Methoden des Internets und sozialer Medien

Seminar: Internet & Soziale Netzwerke

Wintersemester 2021/2022

Hausarbeit
" IT-Security-Awareness -
Schwachstelle
Mensch "

vorgelegt von:
Naveen Vimalan

2

Inhaltsverzeichnis

1. Einleitung 3

2. IT-Security 4

    2.1   Definition 4

    2.2   Schutzziele 5

3. Social Engineering 7

    3.1   Definiton 7

    3.2   Methoden der Manipulation 8

4. Security Awareness 10

    4.1   Definiton 10

    4.2   Präventive Maßnahmen 11

5. Fazit 12

6. Literaturverzeichnis 14

1. Einleitung

Es ist oft ein Kinderspiel, die menschliche Firewall zu knacken. Das erfordert außer einem Telefonanruf keine Investitionen und beinhaltet nur ein minimales Risiko. (Weber 2019: 1, vgl. K. Mitnick)

Binnen der letzten Jahrzehnte haben sich vielerlei Unternehmen auf die Vernetzung ihrer Geschäfts- und Kommunikationskanäle mit dem Internet konzentriert. Dabei ist die Absicherung von Informationstechnik immer mehr in den Vordergrund getreten. Jedoch sollte IT nicht nur als ein technisches Konstrukt gesehen werden, sondern vielmehr als soziotechnisches System (Weber 2019: 2; vgl. Kremar 2015: 22). Der Mensch spielt nämlich eine entscheidende Rolle in der IT-Sicherheit eines Unternehmens, insofern sie mit ihrem Verhalten hohe Schäden verursachen können und somit eine große Verantwortung tragen. Demnach ist es von besonderer Bedeutung sich mit dem Faktor Mensch als mögliche Schwachstelle in der IT-Infrastruktur auseinanderzusetzen. Grundlegend für die Auswahl des Hausarbeitsthemas im Rahmen des Seminars „Internet & Soziale Netzwerke" mit dem Lehrenden Prof. Dr. Guido Barbian waren Überlegungen zu der Methodik von Social Engineering sowie Sicherheitsmaßnahmen für Mitarbeiter vor Social-Engineering-Angriffen. Mit dem Begriff Social Engineering wird im Allgemeinen die Manipulation der menschlichen Gefühle zur Erlangung sensibler Daten beschrieben. Aufgrund der stetig wachsenden Cyberkriminalität in den letzten Jahren (vgl. BSI 2020) ist eine Sensibilisierung der Mitarbeiter hinsichtlich der Gefahren von Social Engineering unerlässlich. Aus diesem Grund wird sich die vorliegende Hausarbeit mit den Thematiken IT-Sicherheit, Social Engineering sowie Security Awareness ausgiebig auseinandersetzen. Der Fokus dabei soll hauptsächlich auf deutsche Unternehmen liegen. Geleitet wird die Hausarbeit durch die Frage wie sich Mitarbeiter vor Social-Engineering-Angriffen schützen können. Ziel der Hausarbeit soll es sein, die gemeinsamen und unterschiedlichen Positionen der Experten bezüglich IT-Security, Social Engineering sowie Security Awareness argumentativ zu analysieren, um einen Erkenntnisgewinn darüber zu erzielen. Zur Darstellung der Themenbereiche wird sich die Hausarbeit zunächst auf die Thematik IT-Security konzentrieren, indem auf ihre Definition und Schutzziele eingegangen werden. Anschließend folgt die Durchleuchtung von Social Engineering. Nebst der Definition sollen ihre Methoden der Manipulation behandelt werden. Zuletzt soll Security Awareness definiert und auf Präventive Maßnahmen ausführlich eingegangen werden. Am Ende der vorliegenden Hausarbeit werden die bedeutsamsten Erkenntnisse aus den Positionen der Experten zusammengefasst. Hierbei soll die Leitfrage unter der Abwägung von Argumenten und Gründen umfassend beantwortet werden. Ferner soll Bezug auf mögliche Grenzen hinsichtlich des Forschungsstandes und der Ausarbeitung der Hausarbeit genommen werden. Nun folgt die Behandlung der Thematik IT-Security.

2.   IT-Security

In diesem Kapitel sollen die Begrifflichkeiten IT-Security und Informationssicherheit zunächst definiert werden. Anschließend folgt die Durchleuchtung der Schutzziele der IT-Sicherheit. Folgende Fragen sollen dabei beantwortet werden: *Was bedeutet IT-Security und Informationssicherheit? Worin liegt der Unterschied zwischen Safety und Security? Welche Rolle spielt der Faktor Mensch in der IT-Sicherheit? Und welche Schutzziele gibt es in der IT-Sicherheit?*

2.1   Definition

„IT-Sicherheit bezeichnet einen Zustand, in dem die Risiken, die beim Einsatz von Informationstechnik aufgrund von Bedrohungen und Schwachstellen vorhanden sind, durch angemessene Maßnahmen auf ein tragbares Maß reduziert sind". (Lechner et al. 2018: 20; vgl. BSI 2018)

Laut dem Bundesamt für Sicherheit in der Informationstechnik (BSI) definiert IT-Sicherheit bestimmte Maßnahmen, die bei Durchsetzung einen Schutz für Informationen bietet. Die IT-Sicherheit umfasse dabei "[...] sämtliche mit dem Internet und vergleichbaren Netzen verbundene Informationstechnik und schließt z.B. die darauf basierende Kommunikation mit ein" (Lechner et al. 2018: 20f.; vgl. BSI 2018). Hingegen meine Informationssicherheit, die Sicherheit vor "[...] unautorisierter Informationsveränderung oder -gewinnung [...]" in einem System (Weber 2019: 2). Weiterhin beschreibe die Informationssicherheit"[...] den Schutz der Informationen und zwar unabhängig von ihrer Repräsentation. Das heißt Informationen können z.B. auf Papier oder in elektronischer Form auf einem Rechner gespeichert sein [...]", wohingegen die IT-Sicherheit ausschließlich den Schutz von elektronischen Daten meint (Baier et al. 2016: 10). Darüber hinaus wird IT-Sicherheit, das im englischsprachigen Raum mit den Begrifflichkeiten *Safety und Security* abgegrenzt wird, im Deutschen mit demselben Wort nämlich *Sicherheit* beschrieben (Dieterstein 2004: 343). Die Angriffssicherheit (Security) beschreibe die "[...] Resistenz von IT-Systemen gegenüber Angreifern [...]", indes die Betriebssicherheit (Safety) ein IT-System meine, die [...] keiner Fehlfunktion unterliegt und unter normalen Betriebsbedingungen wie vorgesehen funktioniert" (Baier et al. 2016: 10f.). Die fehlleitende semantische Unterscheidung im Deutschen führe meist zu einer mangelnden "[...] Beurteilung und Bewertung von Vorgängen und Ergebnissen der IT [...]" (Dieterstein 2004: 343). Beispielsweise werden Schäden an Unternehmen, die vom Menschen verursacht worden sind, auf ein unbeabsichtigtes Fehlverhalten zurückgeführt "[...], um zielgerechte Störungen vor Dritten - und erst recht vor den Geschädigten - zu verschleiern oder zu verbergen" (Dieterstein 2004: 344). Demzufolge muss die Rolle des Menschen mit seinen Fähigkeiten und seinem Verhalten als Teil der IT-Sicherheit betrachtet werden, insofern der

Mensch in Kombination mit Maschinen das am wenigsten verlässliche Glied der Sicherheitskette sein kann (Weber 2019: 2; Dieterstein 2004: 344). Infolgedessen ist ein Schutz der IT-Security durch Schutzziele wie die Vertraulichkeit, Integrität und Verfügbarkeit von Informationen unerlässlich. Im Folgenden sollen diese Sicherheitsmaßnahmen durchleuchtet werden.

2.2 Schutzziele

Die wohl bekanntesten Schutzziele in der IT-Security sind die sogenannten CIA-Kriterien. Sie stehen für *Confidentiality* (Vertraulichkeit), *Integrity* (Integrität) und *Availability* (Verfügbarkeit) (Baier et al. 2016: 12). Diese Kriterien könne nach ISO um weitere Schutzziele "[...] wie Authentizität (*Authenticity*), Verbindlichkeit (*Accountability*), Nachweisbarkeit oder Nicht-Abstreitbarkeit (*Non-Repudiation*) und Zuverlässigkeit (*Reliability*) [...]" erweitert werden (Lechner et al. 2018: 21; vgl. DIN 2009). Die Verfügbarkeit von Informationen werde in der IT-Sicherheit als ein "[...] Maß für die Wahrscheinlichkeit, dass ein System zu einem bestimmten Zeitpunkt eine geforderte Leistung erbringt" betrachtet (Gadatsch & Mangiapane 2017: 17). Sobald die Anwender ihre IT-Anwendungen nicht wie gewohnt nutzen können, ist dies auf ein Ausfall der Verfügbarkeit von Informationen zurückzuführen, wodurch hohe wirtschaftliche Schäden entstehen können (Gadatsch & Mangiapane 2017: 17f.). Eine wichtige technische Maßnahme im Hinblick auf die Verfügbarkeit von Informationen "[...] ist Datensicherung bzw. ein *Backup*" (Baier et al. 2016: 16). Mit der Integrität sei "[...] die Sicherstellung der Korrektheit (Unversehrtheit) von Daten und der korrekten Funktionsweise von Systemen [...]" gemeint (Gadatsch & Mangiapane 2017: 19). Ein Verlust der Datenintegrität bedeutet, dass Informationen wie z.B. der Autor eines Werkes oder die Zeitangabe unerlaubt manipuliert wurden (Gadatsch & Mangiapane 2017: 19f.). Die Gewährleistung des Schutzziels Integrität könne "[...] durch geeignete Zugriffskontrolle in Form von Schreibrechten oder durch eine kryptographische Basistechnik (elektronische Signatur) erreicht werden [...]", sodass eine Veränderung von Daten zu einem späteren Zeitpunkt ermittelt werden kann (Baier et al. 2016: 14). Das letzte Schutzziel, nämlich die Vertraulichkeit, "[...] ist der Schutz vor unbefugter Preisgabe von Informationen" (Gadatsch & Mangiapane 2017: 21). Die ISO-Norm 17799 definiert Vertraulichkeit wie folgt:

Confidentiality means ensuring that information is accessible only to those authorised to have access. (Baier et al. 2016: 14; vgl. ISO 17799)

Vertraulichkeit meine also nicht nur den Schutz vor unerlaubter Preisgabe von Daten, sondern stellt sicher, dass "[...] Informationen nur Befugten zugänglich sind" (Bedner & Ackermann 2010: 323). Um dieses Schutzziel gewährleisten zu können, "[...] müssen die im System gespeicherten oder in den Kommunikationseinrichtungen übertragenen Daten durch

Verschlüsselung vor unberechtigtem Zugriff geschützt werden" (Bedner & Ackermann 2010: 323f.). Es wurden die Schutzziele mit ihren technischen Maßnahmen dargestellt, jedoch basiere "[...] IT-Sicherheit [...] nicht nur auf technischen Aspekten, sondern ist in hohem Maße dem Verhalten der Menschen bezüglich Datensicherheit unterworfen" (Stauber 2009: 19).

„Das Handeln einzelner Individuen wird durch psychologische Faktoren beschrieben und basiert deswegen für gewöhnlich auf irrationalen Entscheidungen. Diese Gegebenheit wissen Angreifer auf IT-Systeme für ihre Zwecke zu verwenden, indem sie die psychologischen Verhaltensmuster der Anwender in bestimmten Situationen ausnutzen [...]". (Stauber 2009: 19)

Aus diesem Grund scheitert IT-Sicherheit oftmals am Faktor Mensch, obwohl technische Maßnahmen umgesetzt werden. Laut der Bitkom Studie[1] sind technische IT-Sicherheitsmaßnahmen wie Passwortschutz auf allen Geräten, Firewalls, Virenscanner sowie regelmäßige Backups von Daten bei 100 Prozent aller befragten Unternehmen im Einsatz (Bitkom 2020a: 34). Ebenso erfolgt eine Festlegung von Zugriffsrechten für bestimmte Informationen bei 98 Prozent der Unternehmen, [...] 80 Prozent tun dies auch für bestimmte Räume (Bitkom 2020a: 37). Jedoch werden einige organisatorische Sicherheitsmaßnahmen wie die Clean-Desk-Policy nur in jedem zweiten Unternehmen oder regelmäßige Sicherheitsaudits durch externe Spezialisten bei 39 Prozent der befragten Unternehmen kaum umgesetzt (Bitkom 2020a: 37). Hinzu führen lediglich 63 Prozent der Unternehmen "[...] regelmäßige Schulungen zu Sicherheitsthemen mit ihren Mitarbeitern durch, wobei dies nur um 10 Prozent im Vergleich zum Vorjahr gestiegen ist (Bitkom 2020a: 37). Aufgrund dessen, dass der Mensch zu wenig im Fokus steht, sind sie ein leichtes Ziel für Cyberkriminelle. Mitarbeiter von Unternehmen sind nämlich häufig von Social-Engineering-Angriffen betroffen. Dies gehe aus der Studie des Kriminologischen Forschungsinstituts Niedersachsen[2] hervor, wobei "[...] 100 Unternehmen in den letzten zwölf Monaten z.B. 760 Phishing Angriffe, 352 Angriffe mit sonstiger Schadsoftware und 176 Spyware-Angriffe aber lediglich 49 Ransomware-Angriffe [...]" erlebt haben (Dreißigacker et al. 2020: 111). Phishing, das eine Form des Social Engineerings ist, macht mit 52 Prozent im Vergleich zu den anderen Vorfällen die Hälfte aller erlebten Cyberangriffe der deutschen Unternehmen aus (Dreißigacker et al. 2020: 112). Daher soll im Folgenden Kapitel das Thema Social Engineering behandelt werden.

---

[1] *Die Studie des Digitalverbands Bitkom aus dem Jahr 2020, für die mehr als 1.000 Geschäftsführer und Sicherheitsverantwortliche quer durch alle Branchen repräsentativ befragt wurden, stellt umfassende Ergebnisse zu Cyberangriffen in deutschen Unternehmen dar.*

[2] *Der Forschungsbericht des Kriminologischen Forschungsinstituts Niedersachsen e.V. präsentiert Ergebnisse einer repräsentativen Unternehmensbefragung aus den Jahren 2018/2019. Durchgeführt wurde diese Studie mittels der CATI-Befragung an circa 5000 Unternehmen.*

3. Social Engineering

Aus dem Bericht zur Cybersicherheitslage in Deutschland von 2020 geht hervor, dass während der derzeitigen COVID-19-Pandemie die Zahl von Betrugs- und Manipulationsversuchen mit IT-Mitteln deutlich gestiegen sind, wobei das sogenannte Social Engineering eingesetzt wird (BSI 2020: 33). Aktuell arbeitet jeder vierte (10,5 Millionen) in Deutschland ausschließlich im Home-Office (Bitkom 2020b). Infolgedessen benötige man eine "[...] vielschichtige Abwehr- und Reaktionsstruktur [...]", um die IT-Sicherheit für Mitarbeiter im Home-Office weitestgehend sicherstellen zu können (BSI 2020: 33). Mit dem Hintergrund der Herausforderungen, die sich aus der steigenden Cyberkriminalität in Bezug auf Social-Engineering-Angriffen für den Faktor Mensch und für die Unternehmen ergeben, wird sich die Hausarbeit mit dem Thema Social Engineering ausgiebig auseinandersetzen. Es sollen dabei folgende Fragen evaluiert werden: *Was ist Social Engineering? Wie läuft ein Social-Engineering-Angriff ab? Und welche Methoden der Manipulation werden beim Social Engineering angewendet?*

3.1 Definition

Social Engineering ist die bewusste Konstruktion sozialer Verbindungen, um mittels manipulativer Kommunikation an Informationen zu gelangen, die die angesprochene Zielperson sonst nicht offenbart hätte. (Fleischer 2016: 32)

Neben der Begriffserklärung von Fleischer gibt es in der vorliegenden wissenschaftlichen Literatur vielerlei Auffassungen zu dem Begriff Social Engineering. Lardschneider beschreibe Social Engineering als "[...] eine Form des Informationsdiebstahls durch gezieltes Manipulieren von Menschen zu denen im Vorfeld ein ausschließlich diesem Zweck dienendes Vertrauensverhältnis aufgebaut wurde" (Lardschneider 2008: 576). Ähnliches definiere das BSI, wobei Kriminelle versuchen ihre Opfer durch Social Engineering "[...] dazu zu verleiten, eigenständig Daten preiszugeben, Schutzmaßnahmen zu umgehen oder selbstständig Schadprogramme auf ihren Systemen zu installieren" (BSI 2020: 93). Alle vorliegenden Literaturen beschreiben gemeinsam "[...] vermeintliche menschliche Schwächen [...] auszunutzen und so Zugriff auf sensible Daten und Informationen zu erhalten" (BSI 2020: 93). Die Nutzung menschlicher Quellen zur Informationsgewinnung wird auch als sogenannte Human Intelligence (HUMINT) bezeichnet (Fleischer 2016: 35). Hierbei werden menschliche Quellen nach dem Kriterium der Relevanz ausgewählt. Die Relevanz einer Zielperson ergibt sich "[...] aus der Rolle, die eine Person im Zusammenhang mit den angestrebten Informationen innehat" (Fleischer 2016: 35). Die Beschaffung von relevanten Informationen spiegelt sich im klassischen Ablauf eines Social-Engineering-Angriffs wider, welcher in fünf einzelne Phasen gegliedert ist (Abbildung 1).

Identifizieren	Strukturieren	Sammeln	Kommunizieren	Triumphieren
Überblick zu Schlüsselfunktionen des Unternehmens verschaffen	Motivierte Innentäter mittels gewonnener Daten identifizieren	Datenbanken nach relevanten Daten zur Zielperson durchsuchen	Zugang zu IT-Systemen mittels gewonnener Daten beschaffen	Vitale IT-Systeme wurden unerkannt durchdrungen

(Abbildung 1: Der klassische Ablauf eines Social-Engineering-Angriffs)[3]

Die Social Engineers studieren die Arbeitsroutine sowie allgemeine Verhaltensmuster der Zielperson, sodass ihre Vorgehensweise der Zielperson angepasst ist (Lekati 2021). Hierbei ist das Ziel der Täter motivierte Innentäter eines Unternehmens mittels gewonnener Daten zu identifizieren und ein gegenseitiges Vertrauen durch Interaktion aufzubauen, um unbewusste Unterstützung der Zielpersonen beim Durchdringen von IT-Systemen zu erhalten (Fleischer 2016: 38; Lekati 2021).

3.2 Methoden der Manipulation

„Viele menschliche Schwachstellen sind in anderen Situationen unsere Stärken: Es sind die Fundamente unseres sozialen Miteinanders, wie zum Beispiel Hilfsbereitschaft und Freundlichkeit oder unsere Fähigkeit, Probleme zu lösen, wie zum Beispiel Neugierde. Angreifer nutzen sie regelmäßig aus, um uns selbst dazu zu bringen, unsere Computer zu infizieren oder unsere Passwörter zu verraten." (Kremer 2017: 89)

Die Täter nutzen verschiedenste Prinzipien der Psychologie aus, um die Schwachstelle Mensch zu kontrollieren. Darunter gehört die sogenannte „Reziprozität", die auf der Regel der Wechselseitigkeit beruht (Suker 2021: 26). Ein Mensch erwartet, dass ein Gefallen wie z.B. ein Geschenk irgendwann mit einem Gefallen erwidert wird (Suker 2021: 26). Dieses Prinzip wird missbraucht, indem die Täter ihre "[...] Opfer zunächst mit scheinbar nützlichen Informationen versorgen [...] und dann im Gegenzug mit höherer Erfolgswahrscheinlichkeit selbst um Informationen bitten" (Weßelmann 2008: 602). Mit „Commitment und Konsistenz" sind Verpflichtungen gemeint, die z.B. nach intensiven Gesprächen mit Menschen gesetzt werden sollen (Suker 2021: 26). Der Mensch steht zu Meinungen und Zusagen, weshalb es schwieriger ist Entscheidungen zurückziehen (Weßelmann 2008: 602; Suker 2021: 27). Somit kann der Täter seine Opfer zum gewünschten Handeln auffordern (Suker 2021: 27). Ein weiteres Prinzip ist die „Soziale Bewährtheit", wobei "[...] das Verhalten anderer als richtig

---

[3] *Eigene Darstellung, in Anlehnung an: Fleischer 2016: 38.*

angenommen und gegebenenfalls kopiert bzw. adaptiert wird" (Schuhmacher 2013: 222). Beispielsweise sind neue Menschen in Unternehmen, die mit der Firmenkultur nicht vertraut sind, meist unsicher oder orientierungslos (Weßelmann 2008: 602). Ein Social Engineer kann diese Personen zielgerecht ansprechen und sie zu einem beabsichtigten Handeln führen, um an sensible Informationen zu kommen (Weßelmann 2008: 602; Suker 2021: 27f.). Die „Sympathie" spielt eine große Rolle beim Social Engineering, insofern der Mensch durch herausstechende Eigenschaften wie die Attraktivität oder Ähnlichkeit, stark beeinflusst werden kann (Schuhmacher 2013: 223). Die Täter studieren dabei ihre Opfer genau, um gemeinsame Interessen zu schaffen und vertrauenswürdig zu wirken (Suker 2021: 28). Laut dem US-Sicherheitsspezialisten und Ex-Social-Engineer Kevin Mitnick ist die „Autorität" das zweitwirksamste Angriffsmittel nach der Sympathie (Weßelmann 2008: 602). Menschen werden dazu erzogen Autoritätspersonen wie Eltern, Lehrer oder Uniformierte zu gehorchen (Suker 2021: 28). Interessanterweise reagieren wir [...] nicht unbedingt auf „echte" Autorität, sondern auch auf vermeintlich zur Schau gestellte (Schuhmacher 2013: 223, vgl. Cialdini 2007: 272). Der Social Engineer kann demnach eine autoritäre Person imitieren, um somit sein Ziel besser erreichen zu können. Letztlich spiele die „Knappheit" in so gut wie "[...] allen Beeinflussungsversuchen eine Rolle" (Weßelmann 2008: 602). Es dient üblicherweise als Verkaufstrick, denn "[...] je knapper eine Ware ist, desto mehr gewinnt sie an Wert" (Schuhmacher 2013: 227). In Bezug auf Social Engineering wird die Zeitknappheit oft als Mittel zur Manipulation genutzt, wodurch "[...] Menschen bei der Entscheidungsfindung auf Heuristiken zurückgreifen und nicht kühl abwägen" (Weßelmann 2008: 602). Darüber hinaus gibt es Methoden, die sich neben der Psychologie an IT-Mitteln bedienen. Die bekannteste Form des Social Engineering ist das sogenannte Phishing "[...] – wörtlich: das Fischen nach Passwörtern" (BSI o.J.). Hierbei werden "[...] Daten von Internetnutzern bspw. über gefälschte Internetadressen, E-Mails oder SMS abgefangen [...]", um sensible Daten wie z.B. Zugangsdaten oder Passwörter zu missbrauchen und damit den Unternehmen Schaden zuzufügen (Huber 2019: 44; Dreißigacker et al. 2020: 100). Der CEO-Fraud ist eine weitere Form des Betruges "[...] bei der unter Verwendung einer falschen Identität einer weisungsbefugten Person des Unternehmens z.B. der des CEO (Chief Executive Officer), andere Beschäftigten meist mit fingierten E-Mails zu bestimmten Handlungen verleitet werden sollen" (Dreißigacker et al. 2020: 100). Üblicherweise werden Mitarbeiter aufgefordert "[...], Geld an ein bestimmtes Konto zu überweisen oder überweisen zu lassen" (Stirnimann 2021: 130). Hiermit wurden die Methoden der Manipulation dargestellt. Im Folgenden soll die Thematik Security Awareness durchleuchtet werden, indem auf die Leitfrage der Hausarbeit eingegangen werden soll.

4   Security Awareness

Social Engineering ist bei Cyberkriminellen in der COVID-19-Pandemie, vor allem durch fehlende IT-Sicherheitsmaßnahmen im Home-Office, hoch im Kurs. Infolgedessen braucht es Sensibilisierungsmaßnahmen für Mitarbeiter, die mit den Gefahren der psychischen Manipulation nicht vertraut sind. Mit diesen Maßnahmen assoziiert man häufig die sogenannte Security Awareness. Zur Durchleuchtung dieser Thematik sollen folgende Fragen beantwortet werden: *Was ist Security Awareness? Welche Maßnahmen bietet die Security Awareness? Und wie können sich Mitarbeiter vor Social-Engineering-Angriffen schützen?*

4.1   Definition

Mit Security Awareness ist das Sicherheitsbewusstsein gemeint, derweil Menschen für das Thema IT-Sicherheit ein Bewusstsein entwickelt sollen (Helisch 2009: 9). Allerdings ist die alleinige Vermittlung von Bewusstsein bei der Definition von Security Awareness zu kurzgreifend (Fleischer 2016: 127). Fleischer meine, dass "[...] Fähigkeiten, Handlungsmöglichkeiten und Reaktionen auf registrierte Sicherheitsherausforderungen zu vermitteln entscheidend sind" (Fleischer 2016: 127). Hinzu seien die Umschreibungen „sensibilisiert sein" oder „Grad der Sensibilisierung" treffender als das Sicherheitsbewusstsein, insofern "[...] Sensibilisierung einen Prozess beschreibt und mit Awareness ein Zustand gemeint ist" (Weber 2019: 9). Ebenso wird Awareness allzu oft mit nur einem Wort, nämlich Training, beschrieben (Helisch 2009: 10). Ziel ist es aber mittels Awareness-Maßnahmen den Grad der Sensibilisierung zu erhöhen, wodurch sich die Mitarbeiter sicherer verhalten und die IT-Sicherheit im Unternehmen insgesamt verbessert werden kann (Weber 2019: 9; Jaeger 2018: 4706). Dies erfordere "[...] ein Zusammenspiel von Wissen (Verständnis des Problems und das Wissen zu dessen Lösung), Wollen (Wille zu informationssicherheitskonformen Verhalten) und Können (Möglichkeit zu informationssicherheitskonformen Verhalten)" (Weber 2019: 11; vgl. Helisch 2009). Die Umsetzung des informationssicherheitskonformen Verhaltens ist nur möglich, wenn Veränderungen wahrgenommen werden (Helisch 2009: 11). Ein Unternehmen sei nach der Auffassung von Helisch ein komplexes Organisationsgebilde, indem Mitarbeiter die Chance haben "[...], das nach einer Awareness-Kampagne erworbene Sicherheitswissen sowie die Motivation, sicher handeln zu wollen, in ihrem Arbeitsumfeld dauerhaft und nachhaltig ein- und umsetzen zu können" (Helisch 2009: 11). Die Kommunikation unter Mitarbeiter hinsichtlich des erworbenen Wissens erfolgt nur bedingt "[...], was Awareness zunehmend komplex macht" (Helisch 2009: 11). Demzufolge braucht es Maßnahmen, mithilfe dessen den Mitarbeitern nicht nur Wissen vermittelt, sondern vielmehr Verhaltensänderungen erzielt werden können, um sich den Gefahren des Social Engineerings entgegenzustellen. Im Folgenden sollen diese Maßnahmen behandelt werden.

4.2 Präventive Maßnahmen

Awareness is not training. The purpose of Awareness is simply to focus attention on security.
...Awareness is intended to allow individuals to recognize security concerns and respond
accordingly. ...Awareness relies on reaching broad audiences with attractive packaging techniques.
(Helisch 2009: 10; vgl. Wilson und Hash 2003)

Wichtige Ergebnisse einer Analyse von Awareness-Kampagnen in den Seminaren von Degenhardt und Wiele an der LMU zeigen, dass viele klassische Awareness-Maßnahmen es einfach nicht schaffen "[...], über das Vermitteln von Wissen hinaus auch das Verhalten der potenziellen Social-Engineering-Opfer zu ändern" (Weßelmann 2008: 603). Auch wenn der Lernprozess auf die Vermittlung von Informationen aufbaut, ist es ungenügend sie lediglich aufzunehmen und zu speichern (Helisch 2009: 35). Daher ist es von essentieller Bedeutung Informationen sachgerecht aufzubereiten und in Wissen umzuwandeln (Helisch 2009: 35). Allerdings schalten Mitarbeiter unter Zeitdruck oftmals bei Social-Engineering-Angriffen vom „heuristischen" in den „systematischen" Modus um "[...], sobald ihnen eine Handlungsanforderung unter Sicherheitsgesichtspunkten bedenklich erscheint" (Weßelmann 2008: 603f.). Folgend müssen "[...] Vermittlungsprozesse im Rahmen von Security Awareness [...] weit über das klassische Lernen hinaus gehen" (Helisch 2009: 35). Nach Mitnicks Auffassung sollen "[...] Unternehmen in solchen Situationen Prozeduren entwickeln und ihre Mitarbeiter danach handeln lassen", insofern Cyberkriminelle die Systematik eines Unternehmens anhand ihrer Richtlinien im Gefahrenfall ausnutzen können (Weßelmann 2008: 604). In Zeiten der „Neuen Medien" ist es daher sinnvoll auf E-Learning Lösungen zurückzugreifen, da sie "[...] didaktische Möglichkeiten, die in punkto Effizienz mit ausschließlich personellem Einsatz nicht zu erreichen sind bieten, man beachte hier nur das technische Potenzial sowie Optionsvielfalt dieser Medien" (Helisch 2009: 38). Hierzu präsentiert die IRBI-Plattform "[...] Situationen in einer wirklichkeitsnahen PC-Simulator-Umgebung als Lerneinheiten [...]", wobei das richtige Verhalten "[...] nicht nur theoretisch vermittelt wird, sondern eingeübt werden kann (Weßelmann 2008: 603). Teilnehmer können so Social-Engineering-Angriffe nachempfinden und mit der Community über selbst erlebte Szenarien diskutieren (Weßelmann 2008: 603). Eine weitere nennenswerte Plattform ist „Desine", die zum Deutschen Sicherheitsnetz gehört und neben Anti-Malware-Software für den PC auch die sogenannte „Pannenhilfe" bietet, mithilfe dessen "[...] Desine-Mitglieder, kommt es doch einmal zu einem Sicherheitsvorfall auf dem eigenen PC, sogar so weit gehen können, Mitarbeiter des „Clubs" per Ferndiagnose auf ihre Rechner zugreifen zu lassen" (Weßelmann 2008: 603). Dies trägt nicht zur direkten Verhaltensänderung bei, aber schützt die Mitarbeiter dennoch vor Social-Engineering-Angriffen. Eine ungewöhnliche aber höchst effiziente Security Awareness Maßnahme erläutert Lardschneider in seiner Ausgabe zu Social Engineering. Er stellt hierzu das Information Security Awareness Programm (kurz ISAP) im Kontext eines Social Engineering Assessments vor, welches in die Schritte Vorbereitung, Durchführung und Nachbereitung gegliedert ist (Lardschneider 2008: 574). In der Vorbereitung müssen Sinn und Zweck der Prüfung sowie das generelle Vorgehen des Assessments auf die konkreten Schwachstellen im Unternehmen ausgerichtet werden (Lardschneider 2008: 576). Die Durchführung konzentriert sich auf die Vermittlung aller erkannten Schwachstellen an die Mitarbeiter und darauf über die Risiken und Gegenmaßnahmen von Social Engineering aufzuklären (Lardschneider 2008: 578). Letztlich erfolgt die Vorstellung der Erkenntnisse in Form von Videos oder Life-Präsentationen, wodurch besser Spuren bei den Mitarbeitern hinterlassen werden können (Lardschneider 2008: 578). Hierbei sei es wichtig, dass "[...] nur so viele Personen wie nötig aber so wenig wie möglich eingeweiht sind" (Lardschneider 2008: 577). Ähnlich wie bei der IRBI-Plattform (vgl. Weßelmann 2008) geht das Social Engineering Assessment über die üblichen Schulungen und Sicherheitstrainings weit hinaus, weil die Mitarbeiter aktiv ins Geschehen eingebunden werden und die Ergebnisse weitestgehend objektiv sind (Lardschneider 2008: 575). Hierbei werden die Gefahren und das Risiko von Social Engineering real greifbar, anhand dessen die Mitarbeiter ein schnelles und unkonventionelles Handeln üben können (Lardschneider 2008: 576; Weßelmann 2008: 604).

5.   Fazit

Mit dieser Hausarbeit sollten die gemeinsamen und unterschiedlichen Positionen der Experten bezüglich IT-Security-Awareness sowie die Schwachstelle Mensch im Kontext von Social Engineering präsentiert werden. Mithilfe einer umfassenden argumentativen Analyse wurden diese Positionen gegenübergestellt und die Präventiven Maßnahmen für Mitarbeiter vor Social-Engineering-Angriffen dargestellt, um einen Erkenntnisgewinn darüber zu erzielen.

Zu den wesentlichen Erkenntnissen bezüglich IT-Security zählt die mangelnde Einbindung der Mitarbeiter in die Sicherheitskette der IT-Infrastruktur. Der Mensch macht unbeabsichtigt Fehler und kann somit die Sicherheit von sensiblen Informationen gefährden. Es braucht daher Schutzziele, wie die Verfügbarkeit, Integrität und Vertraulichkeit von Informationen. Hinzu greifen Unternehmen häufig auf technische IT-Sicherheitsmaßnahmen zum Schutz vor Kriminellen zurück. Jedoch mangelt es an organisatorischen Maßnahmen, die die Mitarbeiter in den Fokus stellen. Diese sind von relevanter Bedeutung, denn deutsche Berufstätige sind am häufigsten Opfer von Social-Engineering-Angriffen wie Phishing. Eine Aufklärung über die Gefahren von Social-Engineering ist daher unerlässlich.

Die zentralen Punkte des Themenbereiches Social Engineering sind zum einen die Ausnutzung der menschlichen Psyche zur Erlangung sensibler Daten. Hierbei missbrauchen Social Engineers die Prinzipien der Psychologie wie z.B. Sympathie oder Autorität, indem sie die Verhaltensmuster ihrer potenziellen Opfer genau studieren und zielgerecht manipulieren.

Zum anderen sind Mitarbeiter inmitten der COVID-19-Pandemie anfälliger für Social-Engineering-Angriffe, da jeder vierte im Home-Office arbeitet und Abwehrmechanismen noch nicht vollständig etabliert sind. Infolgedessen müssen Mitarbeiter vor dem Risiko, das Social Engineering darstellt, umfassend sensibilisiert werden, insofern ihr Verhalten und ihre Entscheidungen die IT-Sicherheit des Unternehmens gefährden können. Es braucht Maßnahmen, die eine Verhaltensveränderung der Mitarbeiter begünstigt. Daher sind letztlich Präventive Maßnahmen vor Social-Engineering-Angriffen zu nennen. Aus den Positionen der Experten geht hervor, dass die reine Vermittlung von Wissen an die Mitarbeiter über das Risiko von Social Engineering nicht zielführend und kontraproduktiv ist. Dementgegen haben Mitarbeiter mittels E-Learning-Lösungen wie die IRBI-Plattform, Desine und dem ISAP die Möglichkeit interaktiv reale Situationen im Unternehmen durchzuspielen, wodurch sie ihr erlerntes Sicherheitswissen in der Praxis umsetzen können. Dies fördert ihr Handeln unter Zeitdruck bei echten Social-Engineering-Angriffen. Gleichzeitig werden über die Gefahren von Social Engineering sensibilisiert und aufgeklärt.

Unter der Abwägung aller genannten Positionen der Experten kann nun die Leitfrage der Hausarbeit evaluiert werden. Der Schutz vor Social-Engineering-Angriffen kann weder durch technische oder organisatorische Sicherheitsmaßnahmen, die auf den Schutz der IT-Sicherheit mittels der Vermittlung von Wissen abzielen, umfassend gewährleistet werden. Daher müssen Mitarbeiter mithilfe von effektiven digitalen Lernmöglichkeiten vor Social-Engineering-Angriffen trainiert werden, indem vermitteltes Sicherheitswissen in einer wirklichkeitsnahen Umgebung umgesetzt und vor allem geübt wird. Die Voraussetzung für informationssicherheitskonformes Verhalten der Mitarbeiter ist, dass Unternehmen in genannte Security Awareness Programme investieren und den Faktor Mensch in den Vordergrund stellen.

Die vorliegende Hausarbeit betrachtet ausschließlich Schutzmaßnahmen für die Schwachstelle Mensch in Deutschland. Es könnte sinnvoll sein, diese Untersuchung auf andere Länder wie die USA auszuweiten, insofern dort das Risiko von Social Engineering deutlich höher sein kann. In Anbetracht des Forschungsstandes gibt es kaum empirische Literatur, die sich mit Security-Awareness-Programmen auseinandersetzen, weshalb es weitere Untersuchungen bedarf. Darüber hinaus hat die Hausarbeit die Gefahren von Social Engineering in der derzeitigen COVID-19-Pandemie in den Hintergrund gestellt. Jedoch könnte es sinnvoll sein, diese Thematik aufzugreifen, weil das Risiko von Social Engineering im Home-Office deutlich höher sein kann als im Regelbetrieb aufgrund mangelnder IT-Sicherheitsmaßnahmen in dieser außergewöhnlichen Lage.

Literaturverzeichnis

Baier, H., Edelkamp, S., Magraf, M., Gärtner, S., Ossenbrühl, S. (2016). IT-Sicherheit.
Abgerufen 05. Januar 2022, von
https://nms.kcl.ac.uk/stefan.edelkamp/lectures/itsec/script/skript_main.pdf

Bedner, M., Ackermann, T. (2010). Schutzziele der IT-Sicherheit. In: Datenschutz und
Datensicherheit - DuD 34, S. 323-328. Abgerufen 12.Januar 2022, von
https://link.springer.com/article/10.1007/s11623-010-0096-1

Bitkom. (2020a). Spionage, Sabotage und Datendiebstahl - Wirtschaftsschutz in der
vernetzten Welt. Studienbericht. Abgerufen 10. Januar 2022, von
https://www.bitkom.org/sites/default/files/2020-
02/200211_bitkom_studie_wirtschaftsschutz_2020_final.pdf

Bitkom. (2020b). Mehr als 10 Millionen arbeiten ausschließlich im Home-Office.
Pressebericht. Abgerufen 10. Januar 2022, von
https://www.bitkom.org/Presse/Presseinformation/Mehr-als-10-Millionen-arbeiten-
ausschliesslich-im-Homeoffice

BSI. (2020). Die Lage der IT-Sicherheit in Deutschland. Abgerufen 07. Januar 2022, von
https://www.bsi.bund.de/SharedDocs/Downloads/DE/BSI/Publikationen/Lageberichte/Lag
ebericht2020.pdf;jsessionid=8F91ABF30879664B649768BCE7EF9929.internet081?__blo
b=publicationFile&v=1

BSI. (o.J.). Social Engineering – der Mensch als Schwachstelle. Abgerufen 17. Januar 2022,
von https://www.bsi.bund.de/DE/Themen/Verbraucherinnen-und-Verbraucher/Cyber-
Sicherheitslage/Methoden-der-Cyber-Kriminalitaet/Social-Engineering/social-
engineering_node.html

Dieterstein, R. (2004). Sicherheit in der Informationstechnik—der Begriff IT-Sicherheit. In:
Informatik-Spektrum 27, S. 343-353. Abgerufen 05. Januar 2022, von
https://link.springer.com/article/10.1007/s00287-004-0392-y

Dreißigacker, A., Skarczinski, B. von, & Wollinger, G. R. (2020). Cyberangriffe gegen
Unternehmen in Deutschland. Ergebnisse einer repräsentativen Unternehmensbefragung
2018/2019. Abgerufen 04. Januar 2022, von https://www.pwc.de/de/cyber-
security/cyberangriffe-gegen-unternehmen-in-deutschland.pdf

Fleischer, D. (2016). Wirtschaftsspionage: Phänomenologie - Erklärungsansätze -
Handlungsoptionen. Springer Vieweg. Abgerufen 10. Januar 2022, von
https://doi.org/10.1007/978-3-658-11989-8

Gadatsch, A., & Mangiapane, M. (2017). IT-Sicherheit: Digitalisierung der
Geschäftsprozesse und Informationssicherheit. Springer Vieweg.

Helisch, M., Beyer, M. (Hrsg.). (2010). Security Awareness: Neue Wege zur erfolgreichen
Mitarbeiter-Sensibilisierung (korr. Nachdruck). Vieweg + Teubner.

Huber, E. (2019). Cybercrime. Eine Einführung. Springer VS. Abgerufen 04. Januar 2022, von https://doi.org/10.1007/978-3-658-26150-4

Lardschneider, M. (2008). Social Engineering. Eine ungewöhnliche aber höchst effiziente Security Awareness Maßnahme. In: Datenschutz und Datensicherheit - DuD 32, S. 574–578. Abgerufen 10. Januar 2022, von https://link.springer.com/article/10.1007/s11623-008-0137-1

Lechner, U., Dännart, S., Rieb, A., & Rudel, S. (Hrsg.). (2018). Case Kritis: Fallstudien zur IT-Sicherheit in kritischen Infrastrukturen. Logos Verlag. Abgerufen 06. Januar 2022, von https://www.logos-verlag.de/ebooks/OA/978-3-8325-4727-1.pdf

Lekati, C. (2021, Mai 11). Social-Engineering-Angriffe und die Psychologie dahinter. Abgerufen 10. Januar 2022, von https://www.informatik-aktuell.de/betrieb/sicherheit/social-engineering-angriffe-und-die-psychologie-dahinter.html

Neumann, L., Abolhassan, F. (Hrsg.). (2017). Security einfach machen: IT-Sicherheit als Sprungbrett für die Digitalisierung. Springer Gabler.

Schuhmacher, S. (2013). Die psychologischen Grundlagen des Social Engineerings. DGI-Forum Wittenberg. In: Information. Wissenschaft & Praxis 2014; 65(4–5): S. 215–230. Abgerufen 11. Januar 2022, von https://www.degruyter.com/document/doi/10.1515/iwp-2014-0039/html

Stauber, S. (2009). IT-Sicherheit. Faktor Mensch und psychologische Aspekte. In: Seminar Innovative Internettechnologien und Mobilkommunikation. Abgerufen 06.Januar 2022, von https://www.net.in.tum.de/fileadmin/RI/NET/NET-2009-10-1.pdf

Stirnimann, S. (2021). Der Mensch als Risikofaktor bei Wirtschaftskriminalität: Handlungsfähig bei Non-Compliance und Cyberkriminalität (2., vollständig überarbeitete und ergänzte Auflage). Springer Gabler. Abgerufen 11. Januar 2022, von https://doi.org/10.1007/978-3-658-34631-7

Suker, M. (2021). Das Social Engineering Dilemma. Warum Unternehmen trotz Schulungsmaßnahmen Opfer von Social Engineering Angriffen werden. In: Schriftenreihe der Landesverteidigungsakademie. Abgerufen 11.Januar 2022, von https://www.bundesheer.at/wissen-forschung/publikationen/publikation.php?id=1089

Weber, K., Schütz, A., & Fertig, T. (2019). Grundlagen und Anwendung von Information Security Awareness: Mitarbeiter zielgerichtet für Informationssicherheit sensibilisieren. Springer Vieweg.

Weßelmann, B. (2008). Maßnahmen gegen Social Engineering. Training muss Awareness-Maßnahmen ergänzen. In: Datenschutz und Datensicherheit - DuD 32, S. 601-604. Abgerufen 17. Januar 2022, von https://link.springer.com/article/10.1007/s11623-008-0143-3